AF586784

Études critiques, Documents et Vues générales sur la fin du XVIe siècle et le début du XVIIe
1550-1620

REVUE HENRI IV

T. III
N° 4 (II) et N° 5

DOUZE LETTRES INÉDITES DE HENRI IV CONCERNANT LES AFFAIRES DE MARSEILLE

1597-1607

Par Gustave FAGNIEZ,
Membre de l'Institut

1912

DOUZE LETTRES INÉDITES DE HENRI IV

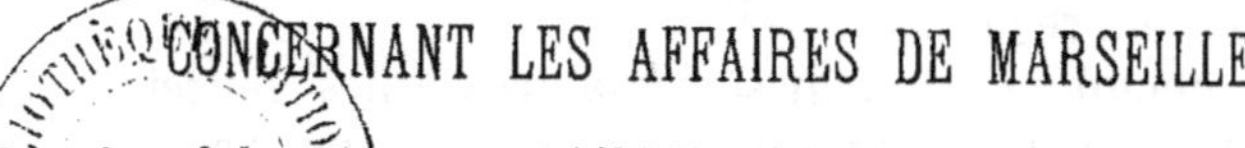

CONCERNANT LES AFFAIRES DE MARSEILLE

1597-1607

Les douze lettres inédites que nous publions ci-dessous existent en original, excepté la lettre III, qui est une copie contemporaine. Onze sont conservées aux Archives communales de Marseille, dans une collection factice de Lettres de divers personnages. Une seule, la lettre VI, est déposée dans les Archives de la Chambre de Commerce de la même ville (*AA 3. Supplément*).

La plupart sont des lettres closes avec cachet et cire. Toutes, signées par le roi, sont contresignées par un secrétaire d'Etat : onze par Forget (Pierre Forget, s^{r} de Fresne) ; une seule, la lettre VII, par Potier, s^{r} de Gesvres.

La lettre III est adressée à Du Vair. Elle ne porte pas la formule *De par le Roy* et se termine par *Escrit à...* Les onze autres ont des adresses et suscriptions dont la correction protocolaire n'est pas toujours irréprochable. Les lettres V, VI, VIII et IX sont adressées aux viguier, consuls, manants et habitants de Marseille ; les autres, seulement aux viguier et consuls. Le texte de ces onze lettres débute ainsi : *De par le Roy, conte de Provence. Très chers et bien amez*, et finit par *Donné à...* La lettre VII, circulaire relative aux monnaies, est une lettre de jussion, portant la formule *Car tel est nostre plaisir*. Elle est, par une incorrection facilement explicable, adressée aux « maire, eschevins et communaulté de Marseille ».

Au dos de quelques lettres se trouvent des mentions contemporaines, qui en indiquent l'objet ou un des objets et, ce qui vaut mieux, la date à laquelle elles ont été reçues.

Ces documents fournissent de très utiles renseignements sur un assez grand nombre de sujets : commerce du blé, douanes, marine, affaire du Bastion de France et ambassade de Mustapha Agha, monnaies, chambre de justice, intervention du Roi dans les luttes électorales assez vives, vérification difficile des dettes de la ville, projet de voyage du Roi en Provence, réception de Marie de Médicis, affaires intéressant Fabre, Ruspoli et les cardinaux de Gondy, Barberino et Barbadori.

I

Rouen, 1597, 23 Janvier.

Nous avons eu à plaisir de voir par vostre lettre du XXIXe du passé la bonne reception que vous avez faicte au s^{r} du Vair (1) et le contentement que vous avez de sa personne et de ses bonnes qualités, lesquelles nous avions bien recongneues et considérées devant que de le vous envoyer, et n'eussions pas arresté nostre jugement sur luy si nous ne l'eussions congneu propre pour exercer la charge que nous luy avons commise au gré et satisfaction commune des habitans de nostre ville de Marseille. Il n'a pas aussy manqué de son costé de nous faire entendre l'honneur et bon accueil qu'il a reçu par dela et nous tesmoigner la grande affection qu'il y a remarquée au bien de nostre service, spé-

(1) Guillaume du Vair avait été envoyé à Marseille pour pacifier la ville encore émue du coup de main qui l'avait replacée, le 17 février de l'année précédente, sous l'autorité du Roi, pour faire procéder à des élections municipales favorables à l'apaisement et pour ouvrir la chambre souveraine de justice dont il avait été nommé président et qui était composée de dix conseillers au parlement de Provence. (*Lettres miss.*, 4 et 7 août et 29 octobre 1596). *Discours d'ouverture de G. Du Vair à la chambre de justice*, dans ses *Œuvres*. — Voir Ruffi, *Hist. de Marseille* (1696, in-f°), t. I, p. 437 ; Cabasse, *Essais hist. sur le parlement de Provence*, t. I, p. 326-358 ; Radouant, *Guillaume Du Vair*, p. 391.

cialement en la forme qui a esté tenue en ceste nouvelle eslection des consuls et autres officiers (1) c'estant faicte en la presence de nostre nepveu le duc de Guise (2) et dudict sieur du Vair, afin que rien ne s'y passast au prejudice de nostredict service et du repos et tranquilité de la ville, et, ayant esté lesd. consulz et autres officiers en ceste manière esleuz et créez, nous ne les pouvons avoir que bien agreables et esperons qu'ils s'acquicteront dignement de leurs charges. Pour ce qui est du faict des galleres (3), c'est chose à quoy nous sommes entierement resoluz et n'attendons pour y mettre à bon escient la main que la conclusion de ceste assemblée (4) où se doibt prendre resolution touchant le fonds de nostre despence de l'année prochaine, recongnoissans avec vous que ce sont les meilleures forces que nous scaurions mectre sus pour la conservation et deffence de la province. Quant à la traicte des bledz que demandez, nous desirons que vous en soyez secouruz, et s'est rencontré fort a propos que noz cousins les ducs de Ventadour (5) et de Joyeuse (6) soient arrivez icy depuis peu de jours, avec lesquelz et nostre cousin le connestable (7) nous en resouldrons et serez diligemment advertiz de ce qui en aura esté arresté (8). Nous avons aussi veu ce que vous nous escrivez touchant les marchandises d'aucuns vos concitoyens detenues au chasteau d'If à linstance du s[r] de Gondy (9) ; sur quoy, puis que lesd. marchans ont envoyé hommes par deça pour en fere la poursuite en nostre

(1) Les consuls élus en 1596 furent : Ogier de Riquetty, Gaspard Seguin, Désiré Moustier. Nicolas de Bausset fut élu assesseur. Pierre de Libertat était viguier. Cette charge avait été le prix, stipulé par lui, de la révolution qui avait rendu Marseille au Roi.

(2) Charles de Lorraine.

(3) Le roi écrit au viguier Libertat le 4 février 1597 (*L. M.*, t. IV, p. 685) : « J'ai résolu l'estat de mes galeres, où elles sont employées, et dans peu de jours je résoudrai celui de mes finances de cette année où je ferai réserver le fond de l'entretenement de douze galeres pour le moins.... ».

(4) L'assemblée des Notables de Rouen.

(5) Anne de Lévis, lieut[t] g[l] en Languedoc.

(6) Henri, comte du Bouchage, duc et mar[l] de Joyeuse, en religion le P. Ange.

(7) Henri I de Montmorency.

(8) Le roi accorda une traite de 12.000 setiers à tirer du Languedoc (4 février 1597 ; *L. M.*, t. IV, p. 684).

(9) Pierre de Gondi, évêque de Paris (mort en 1616).

conseil et que led. s[r] de Gondy s'y trouve aussy, nous rendrons bonne et prompte justice aulx parties et, s'il y a lieu de faveur, vous pouvez croire qu'elle inclinera plus tost du costé du public que des particuliers. Cependant nous vous recommandons de contenir les choses en estat et empescher qu'il ne se remue rien par dela davantage sur ce subject, vous asseurant tousiours que nous n'aurons pas seullement en favorable consideration ce qui sera du général de la ville mais jusques aux simples particuliers d'icelle, comme nous nous tenons aussi de nostre part pour asseurés de leur fidélité, sincere affection envers nous et à nostre service.

II

Saint-Germain-en-Laye ; 1598, 30 novembre.

Nous avons à la vérité esté advertiz par nostre neveu le duc de Guise, auparavant la reception de vostre lettre, de la nouvelle ellection faicte des officiers de la ville que nous entendons estre fort bonne et de personnes de bonne qualité et qui ont les autres bonnes parties requises pour ceste occasion. Nous la louons et approuvons, comme nous ferons tousiours tout ce qui sera par vous faict et procuré pour le bien et commodité de la ville, laquelle nous aurons tousiours en particuliere recommandation. Vous aurez deus estre advertiz par vostre deputté qui est par deça des responces qui ont esté faictes en nostre conseil sur la requeste qu'il y a presentée de vostre part. Pour celle que vous nous faictes en vostre depesche pour la traicte des bleds que vous desirez tirer de nostre pays de Languedoc, tant pour vous que pour en accommoder le bastion de France (2) qui est en Tripoly, nous en prendrons l'advis de nostre cousin le connestable, qui est gouverneur de lad. province de Languedoc, et de la quantité desd. bledz qui peult en estre

(1) La liste publiée par Méry et Guindon indique comme consuls élus en 1598 Honoré de Montolieu, D[que] d'Andrea, s[r] de Venelles, Guill. Codoneau, et comme assesseur Antoine de Cabre. Celle des viguiers, que les auteurs des *Actes et Délibérations de la commune de Marseille* ont reproduite d'après Ruffi, indique comme viguier pour 1598-1600 Barthélemy de Libertat, frère de Pierre qui était mort le 11 avril.

(2) Sur le bastion de France, voir notre *Economie sociale de la F. sous H. IV,* p. 303, et Masson, *Hist. des établ. et du comm. fr. dans l'Afr. barb., passim.*

tirée sans desgarnir lad. province et, suivant cela, nous vous ferons depescher lad. traicte qui sera mise es mains de vostre deputté pour la vous envoyer. Pour le regard des deffenses des armes à feu (1) qui ont été publiées, nous nous contentons de vous faire la grace de vous en dispenser pour le dedans de la ville seullement et sans que vous les puissiez porter hors icelle. Nous avons au reste esté fort aise d'entendre que vous soyez délivrez du mal de la contagion, l'estant aussy des autrés empeschemens que vous aviez pour vostre navigation et aians tout le commerce libre vous vous y pouvez mainctenant remettre, à quoy nous vous exhortons de vous employer de tout votre soing et industrie. Ayant aussi entendu que la chambre de justice que nous avions establie en nostre ville de Marseille demeuroit apresent sans grande occupation, nous avons advisé de la congedier (2) et remettre les choses pour ce regard a leur ancien ordre, ce que nous voulons estre par vous observé, comme ce sera vostre grand bien et repos et de toute la Provence.

III

Paris ; 1599, 28 novembre.

Monsieur du Vair (3), mon cousin le cardinal de Gondy m'a fait plainte et à mon conseil de ce que, durant les troubles passez, les viguier et consulz de ma ville de Marseille ont depossedé son fermier de la possession en laquelle il estoit de la table de mer (4) qui luy appartient par engage-

(1) Par une déclaration du 4 août 1598 (Voir Isambert, qui la date du 4 avril), le Roi avait défendu le port des armes à feu.

(2) Du Vair fut nommé, après la suppression de la chambre, premier président au parlement de Provence. En 1607, la chambre fut rétablie, et son personnel emprunté encore à ce parlement ; mais elle ne dura que neuf mois (Cabasse, *Op. laud.*, t. I, ch. XXII).

(3) Dès lors premier président au Parlement de Provence.

(4) « On désignait ainsi le bureau où des officiers municipaux, appelés *clavaires*, percevaient les droits établis sur l'entrée et la sortie des marchandises Les droits de claverie ou de douane perçus sur les articles apportés par les étrangers dans le port de Marseille s'élevaient ordinairement à un denier par livre » Voir, dans Méry et Guindon, les *Statuts commerciaux et maritimes de Marseille en 1228*, t. II, p. 305, note des éditeurs. Cf. *Les Statuts municipaux de Marseille*, publiés et commentés par François d'Aix (1656), note sur le chap. XLIII. La table de mer, qui appartenait primitivement à la ville, était devenue, dès cette époque, propriété privée.

ment et l'ont donnée a ferme et receu durant plusieurs années le revenu, dont il n'auroit peu avoir justice par delà, encores qu'il en ait faict plusieurs fois sa plainte, tant ausdicts viguier et consulz qu'aux commissaires qui ont esté deputez pour veriffier les dettes de lad. ville, et, par ce que je desire qu'il en soit fait raison à mond. cousin, je vous prie de vous informer en quels termes est cet affaire et quelles deffenses lesd. consulz peuvent opposer pour s'exempter de la restitution de sond. revenu, qu'ilz ont jouy et pris durant led. temps, et me mander icy ce que vous aurez recongneu. Car sur cela et sur l'advis que vous m'en donnerez, je feray fondement de la justice qui en devra estre faicte à mond. cousin et par qui et en quel lieu elle luy devra estre rendue. Et n'estant la présente a autre effect, je ne la vous feray plus longue, priant Dieu, M. du Vair, vous conserver en sa sainte garde.

IV

Paris ; 1600, 23 janvier.

Le s[r] Fabre, de nostre ville de Marseille, nous a faict entendre que quelques siens malveuillans, pour le mettre en mauvaise odeur près de vous, luy ont imputé d'avoir, en ce dernier voyage qu'il a faict pardeça, pris qualité de deputté de nostred. ville et s'estre ingéré de nous parler de quelques affaires concernant le general d'icelle, comme en ayant charge et commission, sans toutesfois en fere apparoistre disant qu'il avait perdu les depesches qu'il nous en apportoit de vostre part, chose à quoy il proteste n'avoir jamais pensé, et nous auroit appellé à tesmoing et très humblement supplié vous vouloir esclaircir de ce qui en est, affin qu'il ne vous en demeure point d'impression à son prejudice, nous ne luy avons peu refuser de vous en fere ce mot pour vous dire que nous n'avons point de congnoissance que led. Fabre se soit presenté à nous en autre qualité que de nostre serviteur particulier ny qu'il nous ayt parlé d'aucune chose qui regardé nostred. ville, sinon peult estre que, venant à propos de luy en demander des nouvelles, il nous a asseuré que la fidelité et devotion des habitants d'icelle à nostre service estoient telles que nous les pouvions souhaiter, dont tant s'en fault qu'il mérite aucune reprehension qu'au contraire vous lui en devez tous savoir bon gré et le tenir en consideration de bon citoyen, comme de nostre part nous le tenons pour nostre serviteur.

V

Chambéry ; 1600, 26 août.

Pour tesmoignage et marque perpetuelle de la bienveillance que nous portons à nostre ville de Marseille, nous avons résolu de l'honnorer de la solempnité de noz nopces et de la première entrée que fera en France la princesse Marye nostre future espouse (1), en recongnoissance de quoy nous nous promettons bien aussy que les habitans de nostred. ville ne faudront pas de leur costé de porter tout ce qui sera de leur puissance pour honnorer ceste action et de pourvoir soigneusement a tout ce qui peult estre requis et convenable pour dignement recevoir ladicte princesse et sa suitte, mais, afin de n'estre en cela surpris, nous avons advisé de deputer pardela le s^r^ de Maisse, conseiller en nostre conseil d'Estat, pour ordonner de toutes choses et entre autres tenir la main a ce que dans lad. ville il y ait des magasins fournis de bledz, vins, avoine, foings, bois et autres denrées necessaires pour le vivre et commodité d'une si grande et celebre compagnie, lesquels magasins vous ne faudrez de dresser et munir en toute dilligence telles que led. s^r^ de Maisse vous dira de nostre part, ensemble pourvoir que toutes les maisons particulieres soient bien meublées de lictz et autres ustancilles propres pour le logement des estrangers. Et, nous en remettant à la creance dud. s^r^ de Maisse, nous ne vous ferons point ceste cy plus longue que pour vous dire que nous reconnoistrons à jamais le soing que vous aporterez en ceste occasion et le tiendrons en consideration de l'un des plus agreables et recommandables services que vous nous scauriez fere.

VI

Saint-Germain-en-Laye ; 1601, 31 juillet. (2)

Par la derniere depesche que nous avons receue de nostre ambassadeur en Levant, qui est du XXXe may dernier, il nous mande que, sur l'instance expresse qu'il a faicte au Grand Seigneur de fere reparer les excès qui ont esté commis à l'endroict du consul Vias (3) et autres nos subjectz et par-

(1) Sur la réception de Marie de Médicis à Marseille (3 novembre) on trouvera de nombreux détails dans Ruffi.

(2) Reçue le 10 août.

(3) Jacques de Vias, pourvu de la charge de consul à Alger le 16 avril 1585, eut son fils Balthazard pour successeur en 1626 (Voir, sur lui, Masson, *op. cit.*, p. 57, n. 4 et p. 87).

ticulierement sur la démolition du bastion de France, il auroit tiré asseurance dudict Grand Seigneur qu'il feroit le tout reparer à nostre contentement et qu'à cest effect il avoit depesché Moutafat Aga, avec commandement pour ce fort exprès et rigoureux, et, au reste, qu'il est personnage de qualité et qui a bonne intention de bien exécuter sadicte charge pour laquelle il estoit jà parti, avec le sieur de Brèves, en devant nostre ambassadeur, de sorte qu'il ne peult guières tarder que vous ne le voyez arriver en nostre port de Marseille, dont nous vous avons bien voullu diligemment advertir, affin que vous vous prépariez de lui fere une bonne et honorable réception, avec le meilleur traictement qu'il vous sera possible, pour le confirmer tousiours davantaige en cette bonne volonté que l'on nous dict qu'il a de se bien comporter en l'exécution de sadicte charge. Nous voyons aussy par ladicte depesche que l'opinion dudict Moutafa Aga seroit bien de nous venir tout droict trouver avant que d'aller en Barbarie ; mais, ayans considéré qu'il est plus expédient pour nostre service qu'il attende à nous voir après l'exécution de sadicte charge que non pas qu'il nous vist avant que l'avoir exécutée, nous escrivons présentement à nostre neveu le duc de Guise et audict sieur de Brèves de luy fere entendre que nous désirons qu'il en use ainsy et remette à nous voir après son retour dudict voyage de Barbarie, et, affin que plus diligemment il le puisse fere, nous mandons audict sieur de Brèves de l'accommoder du vaisseau qui le doit apporter, lequel luy appartient, et de quoy il fauldra que vous conveniez ensemble, ne debvans pas, en cela, plaindre quelque despence extraordinaire puisque la meilleure part du fruict dudict voyage tournera à vostre commodité particullière ; ce que nous asseurans que vous sçaurez bien considérer, nous ne vous en ferons icy autre commandement plus exprès pour y satisfere, de quoy vous serez advertis par nostredict neveu le duc de Guise, suivant le commandement qu'il en a de nous.

VII

Poitiers ; 1602, 26 mai. (1)

Comme, entre les affaires publicques de nostre royaume, le faict des monnoies a tousiours esté recongneu des plus importans, aussi avons nous singullierement désiré, à

(1) Reçue le « dernier juing ».

l'exemple de nos predecesseurs, y aporter tel règlement que la richesse et oppullance de nos subjectz feust conservée en son entier et, d'aultant que, par la mallice des estrangers nos voisins qui ont y a ia assez long temps affoibly leurs monnoies, l'or et l'argent de ce royaume a depuis esté sy envieusement recherché et transporté par les marchands qu'universellement par tout on (1) recongnoist maintenant une telle et sy evidente rareté de noz monnoyes qu'il est tres necessaire de remedier et pourvoir aux plaintes qui nous en sont journellement faictes de plusieurs endroits de nostre royaume; mais comme, en pareilles occasions et si importantes au publicq, nos predecesseurs ont aultrefois recherché de se servir des bons advis des plus entendus de leurs subjectz, ainsy que vous verrez par l'extraict cy enclos (2), aussy avons nous bien voullu, en celle qui s'offre maintenant, qui n'est pas de moindre merite, differe (3) d'y.......... (4) apres que nous aurons eu les vostres sur les expediens que nous avons à tenir.... ung sy bon effect : a ces causes nous vous mandons et ordonnons par ces presentes signées de nostre main qu'aussy tost icelles receues, vous ayez à vous assembler entre v[ous] pour adviser aux moiens que vous jugerez les plus propres pour parvenir à ung tel et si bon reglement au faict desd. monnoies que la cause de ce grand transport qui se faict de toutes parts soit du tout... moiens qui seront... les plus utilles les ferez mettre par escrit en forme d'avis que vous envoierez (?) soigneusement en nostre conseil pour, après que toutes voz propositions auront esté meurement considerées avec celles des autres communautés et villes de ce royaume, auxquelles nous en avons pareillement (?) escrit (5), pourveoir aud. règlement des monnoies, selon et ainsy que nous jugerons raisonnable et utile pour le bien du publicq. Sy n'y faictes faulte. Car tel est nostre plaisir.

(1) La lecture de ces deux mots est un peu douteuse à cause d'une déchirure du papier.

(2) Cet extrait manque.

(3) Pour *differer*.

(4) Mots disparus par suite d'une déchirure du papier. Même observation pour les passages suivants représentés dans notre texte par plusieurs points.

(5) Dans ce que nous avons dit de la crise monétaire qui signala la fin du règne de Henri IV et le début du règne suivant *(Econ. soc.*, p. 357-360), nous n'avons pas parlé de cette consultation des villes. Voy. ordon. de sept. 1602 dans FONTANON (éd. de 1611), t. II, p. 227.

VIII

Monceaux ; 1603, 27 février. (1)

Ayant veu la nommination que vous nous avez envoyée des trois gentilzhommes à l'un desquels vous nous suppliez de donner la charge de viguier en nostre ville de Marseille, nous avons recongneu qu'elle a esté bonne et légitime pour estre lesdicts trois nommez personnages d'honneur et de merite entre lesquels nous avons nommé et elleu pour ceste année le s[r] de Valavoire (2) pour l'entienne congnoissance que nous avons de ses bonnes qualitez et que nous estimons qu'il se scaura bien et fidellement acquitter de ladicte charge, luy en ayans à ceste fin fait expedier un brevet de commission, suivant lesquelles *(sic)* vous adviserez à tenir bonne correspondance avec luy et de luy obeir et recognoistre en ce qui sera de nostre service et le bien et repos de lad. ville, comme vous scavez qu'il est deub à lad. charge. (3)

IX

Fontainebleau ; 1604, 7 septembre. (4)

Nous avons fait considerer en nostre conseil la requeste que vous nous avez faicte par la vostre du XVIe du passé et les raisons d'icelle pour fere interdire la traicte des bledz en nostre pays de Provence, mais il n'a pas esté trouvé a propos de le fere, au moins pour encores et qu'il n'ait esté reconu si l'ordre que nous donnons pour y fere porter des bledz de noz autres provinces où il y en a grande abondance aura esté suffisant pour suppleer a la mauvaise recolte qui a esté ceste année, comme vous fera plus particulierement entendre mon neveu le duc de Guise, auquel nous en escrivons bien amplement, à quoy nous remettans nous ne vous en dirons pas davantage sur ce subject, vous enjoingnans de vacquer principallement à ce qui est de vostre conservation et a contenir chacun au debvoir de la fidelité et obeissance qui nous est deue et, si vous en recongnoissiez

(1) Reçue le 21 avril.

(2) Palamède de Valavoire.

(3) Lettre close du 21 janvier 1604, originale, ayant le même objet et la même teneur, pour la nomination de Gaspard de Sabran, baron d'Ansouis, comme successeur de Valavoire, décédé avant l'expiration de ses fonctions (Même collection).

(4) Reçue le 16.

qui s'en voulussent distraire ou fere brigues ou monopolles au prejudice de nostre service, vous les feistes apprehender et remettre en la justice pour en recevoir le chastiement qu'ilz meritent, les separant de vostre corps comme membres gastés et perdus, prenant au reste cette confience en l'affection que nous vous portons et au soing que nous avons de vostre bien que nous ne vous la[i]sserons en peine et necessité ni pour les bledz ni pour autre chose qui deppende de nous.

X

Fontainebleau ; 1604, 15 novembre.

Nous avons entendu par la depesche de nostre neveu le duc de Guise et par la vostre et ce que nous en a raporté le s[r] d'Ansouys, viguier de nostre ville de Marseille, ce qui s'est passé en l'assemblée cy devant tenue pour la creation de nouveaux consuls (1) et officiers de lad. ville, dont nous ne sommes aulcunement satisfaictz, tant pour ce que ce a esté se faisant interrompre l'ordre et la forme qui a de tout temps esté tenue pour lad. ellection que aussy que c'est un tesmoignage de la desunion et mauvaise intelligence qui est entre les habitans de ladicte ville, qui debvroient en cela estre plus sages et advisez que nuls autres, par ce qu'ils n'ont que trop experimenté les ruines et calamitez que produisent lesdictes divisions. Pour ceste occasion, nous voullons et vous mandons que vous ayez à rechercher curieusement les causes des monopolles et factions qui se font en lad. ville et fere dilligement informer contre les autheurs d'icelles à ce qu'il en soit faict punition exemplaire (2). Et quant au fait particulier de la nouvelle ellection qui se debvoit faire des consuls et officiers de lad. ville, nous aurions des apresent pourveu sur icelle. Mais estant resolu de fere nostre voyage de Provence dans trois ou quatre moys (3), nous avons voulu remettre à y pourveoir pour led. tems, estimans que estans sur les lieulx nous le pourrions fere avec plus d'intelligence et plus de contentement et satisfac-

(1) Blaise Doria, Jean-Bapt. Decaze, Pierre Moustiers, César de la Setta, s[r] de Nans, assesseur. (Méry et Guindon, *ubi supra*).

(2) Cf. en appendice une note relative à l'assistance des gens du roi aux séances des conseils de ville en Provence.

(3) Le roi ne fit pas ce voyage. Voy. *Itinéraire et séjours de Henri IV* à la suite du t. IX des *Lettres missives*.

tion desdicts habitans et, afin que cependant lad. ville ne demeure desgarnye de ses officiers ordinaires, nous avons ordonné que les consuls, les XXIIII conseillers et les cappitaines qui debvoient changer seront continuez en leurs charges jusques à ce que nous en ayons faict une autre ellection, ainsy que nous avons ordonné à nostre neveu le duc de Guise de vous fere entendre de nostre part, à quoy y sera par vous obey sans aulcune difficulté, le bien et le repos de lad. ville estant en cela conjoinct à nostre service, comme particulierement vous entendrez dud. s[r] d'Ansouys, suivant la charge que nous luy en avons donnée.

XI

Paris ; 1605, 4 mars.

Ayans veu par vostre derniere depesche la nommination que vous nous aviez faicte de trois personnages de qualité pour en choisir l'un pour la charge de viguier pour l'année prochaine, nous l'avons louée et approuvée comme estant faicte de trois personnes d'honneur et de mérite. Vous aurez sceu depuis que nous avons pour cette fois faict ellection du s[r] de Pontevez (2) et luy avons envoyé la provision de lad. charge, de laquelle nous sommes asseurez qu'il se scaura très bien acquitter. Nous avons aussy veu par vostre dicte depesche la proposition qui vous avoit esté faicte par vostre accesseur en l'assemblée qui c'estoit faicte pour la susd. nommination et avons trouvé bon que vous vous soiez opposez à la depputation qui avoit esté requise pour nous informer de ce qui s'estoit passé en la precedente assemblée faicte pour l'ellection des consuls et officiers de la ville, d'aultant que cela n'estoit aulcunement necessaire, mesmes estant maintenant près de nous nostre neveu le duc de Guise, par lequel nous en pouvons estre plus veritablement informez que de nul autre. Quand à ce que vous requerez d'estre deschargez de la continuation de vos charges et y en establir d'aultres en icelles, d'aultant que nous sommes tousiours en resolution de fere dans ce printemps nostre

(1) En 1606 le viguier fut Gaspard d'Autric, s[r] de Beaumètes (Ruffi, t. II, p. 219).

(2) Balthazar de Pontevès, s[r] de Sainte-Catherine, fut viguier en 1605 *(Ibid.)*.

voyage de Provence (1), nous avons advisé de remettre cela jusques à ce que nous soyons sur les lieulx où estans nous y donnerons ordre et pourveoirons au reglement sur ce necessaire pour obvier aux troubles et divisions cy devant advenues à cette occasion, et à ce propos nous vous dirons icy qu'il nous y a esté proposé qu'il serait plus utille et commode pour le bien de lad. ville que les charges des consuls d'icelle commençassent à mesme tems que faict celle du viguier, surquoy avant que prendre (?) (2) autre resolution, nous voullons avoir voz advis, qu'il sera bon que vous nous envoyez au plustost et, parce que nous avons aussy recongneu que la principallė cause des divisions qui ont esté et sont encore en lad. ville est sur le faict des debtes d'icelle, en quoy l'on prétend qu'il y ait de grandz abus, nous avons resolu, pour le bien et repos d'icelle, d'en prendre congnoissance, afin de juger quelles seront les bonnes et mauvaises debtes, conservant à chacun ce qui luy debvra appartenir par raison. Pour cette occasion nous voullons et vous mandons que vous nous envoyez l'estat general desdictes debtes distinctes par chappitres, de celles qui sont auparavant les troubles, les autres qui sont nées (?) pendant iceulx et celles qui ont esté faictes depuis, et (?) advertissiez les creantiers selon lesd. chappitres de depputer un sindic pardeça pour y respondre de la qualité de leursdictes debtes, comme aussi qu'il en soit depputé un de la part des corps de lad. ville pour remonstrer les deffenses qu'ils ont contre lesd. debtes, afin qu'eulx ensemblement ouys, il soit faict un si bon reglement qu'il n'arrive plus de trouble et de division en ladicte ville à cette occasion. Ayant beaucoup de desplaisir d'entendre que nostredicte ville de Marseille soit en cela plus subjecte et facille que toutes [au]tres de la province, aquoy il est speciallement de vos charges [de (?)] pourveoir, comme nous vous enjoignons de le fere avec tout le soing et la vigillance requise et nous adviser si [en ce]la vous y trouveriez des contrarietés et oppositions et de quelle part elles viendront, pour y estre après par nous proceddé comme nous verrons bon estre.

(1) Voir la note page 235.

(2) Lecture douteuse: déchirure dans le papier. Même observation pour les mots suivis d'un point d'interrogation.

XII

Monceaux ; 1607, 1er août. (1)

Nostre cousin le cardinal Barberino, qui est pardeça, nous a faict entendre que le sr Alexandre Barbadori son oncle tient en procez à la rotte à Rome un nommé Alexandre Ruspoli pour quelque quantité de grains qu'il prétend avoir esté retenuz, il y a plusieurs années, par la communaulté de Marseille et en quoy nostredict cousin a encores interest, comme héritier d'un autre sien oncle, et que, pour la justiffication du bon droict que luy et sesdicts oncles ont audict procez, il leur est besoin de faire extraire quelques escritures qui sont pardelà et y faire aussy examiner quelques tesmoings, et nous estant nostred. cousin en telle recommandation que desirons que luy et les siens soient gratiffiez en tout ce qui dependra de nostre autorité, nous voulons, vous mandons et tres expressement enjoignons que vous ayez à donner toute ayde et assistance à celui qui aura charge dud. cardinal de recouvrer lesdictes preuves, tant par lesdicts extraictz que par la deposition desdicts tesmoins qu'il pretend faire examiner, aquoy vous les abstraindrez par toutes voyes de justice acoustumées, comme pour chose que nous affectionnons, outre que nostred. cousin nous a declaré que luy ny sond. oncle ne pretendent se servir desd. escriptures et depositions contre lad. communauté de Marseille; partant vous donnerez ordre qu'il soit promptement satisfaict à ce qui est de nostre intention et vous nous ferez service bien agreable.

(1) Reçue en octobre.

APPENDICE

ASSISTANCE DES GENS DU ROI AUX SÉANCES DES CONSEILS DE VILLE

(1610-1611)

Maître Jean Parisi, substitut du procureur général du Roi au siège de Forcalquier, requis par plusieurs et notables personnes, s'était acheminé vers la maison commune pour veiller soigneusement à la création de consuls et nouvel état que l'on a coutume de faire le second jour de..... Pentecôte. Le conseil protesta et il opina, à l'unanimité, moins deux voix, que le substitut devait se retirer. Celui-ci fit observer qu'il était raisonnable qu'il y assistât : il a su en effet, dit-il, que l'état nouveau a été brigué depuis longtemps et il veut ouvrir une information sur les brigues ; d'ailleurs, dans toutes les villes royales de cette province, le substitut du procureur du Roi assiste à toutes les délibérations du Conseil et notamment à la création du nouvel état, pour « prendre garde à l'intérêt de sa Ma^té^ ». Le substitut se retira pour éviter un scandale. Mais il adressa une requête motivée au Parlement d'Aix, au mois de juin 1610.

Le 13 août, les consuls de la communauté de Forcalquier adressaient une requête au même Parlement.

Le 1er décembre, une requête fut présentée par plus d'une centaine de particuliers, tous chefs de maison à Forcalquier, sur la dénonciation desquels le substitut s'était présenté à la séance d'élection, en prévision des violations de la loi électorale municipale qui se préparaient.

Le 21 janvier 1611, un arrêt du Parlement d'Aix ordonna que dorénavant le substitut « aura entrée au conseil de la maison commune tant pour la création du nouvel estat que autres affaires d'importance pour y faire telles réquisitions et remonstrances qu'il advisera pour le service du Roi et, ce fait, se retirera sans pouvoir assister aux délibérations ». (1)

(1) *Délib. du Conseil de Ville de Forcalquier.* Arch. de Forcalquier; reg. 43-10, fol. 180 sqq.

www.ingramcontent.com/pod-product-compliance
Lightning Source LLC
LaVergne TN
LVHW052035160826
845678LV00003B/1359

* 9 7 8 2 3 2 9 6 3 2 6 9 8 *